Für Laurenz Xaver

Ela Wildberger, geb. 1964, studierte Theaterwissenschaft, Philosophie, Publizistik und Pädagogik in Wien und absolvierte 2018/2019 die Ausbildung zur Kulturvermittlerin. Sie ist seit mehr als 20 Jahren im Bereich Kinder- und Jugendliteratur als Redakteurin, Herausgeberin, Rezensentin und Lektorin tätig, Mitglied des Redaktionsteams und Beiträgerin der Fachzeitschrift 1001 Buch und freie Mitarbeiterin der STUBE (Studien- und Beratungsstelle für Kinder- und Jugendliteratur).

Linda Wolfsgruber wurde 1961 in Bruneck (Südtirol) geboren. Nach der Kunstschule in St. Ulrich (Gröden, Italien) und einer Ausbildung zur Schriftsetzerin und Grafikerin in München und Bruneck absolvierte sie die »Scuola del Libro« in Urbino (Italien). Anschließend machte sie sich als Illustratorin und Malerin in Österreich und Südtirol selbstständig. Schon früh entdeckte sie ihre Freude an der Gestaltung von Kinderbüchern. Für ihre Werke erhielt sie bereits zahlreiche Auszeichnungen.

Für die Bilder in diesem Buch hat sie verschiedene Techniken verwendet, vorwiegend sind es Tuschezeichnungen mit Aquarell, bei manchen wurde auch Monotypie eingesetzt.

2. Auflage 2022
© 2021 Verlagsanstalt Tyrolia, Innsbruck
Umschlagbild: Linda Wolfsgruber
Layout: Nele Steinborn
Schrift: Questa
Druck und Bindung: FINIDR, Tschechien

ISBN 978-3-7022-3954-1
E-Mail: buchverlag@tyrolia.at
Internet: www.tyrolia-verlag.at
Social Media: Tyrolia Verlag Kinderbuch

Ausgezeichnet als:

Religiöses Buch des Monats | STUBE, 2021
Bilderbuch des Monats | Deutsche Akademie für Kinder- und Jugendliteratur, 2021

Mit freundlicher Unterstützung der Abteilung Deutsche Kultur/Autonome Provinz Bozen, Südtirol sowie der Kulturabteilung der Stadt Wien, Literatur

Ela Wildberger
Linda Wolfsgruber

Der Moment, *bevor*...

Tyrolia-Verlag • Innsbruck–Wien

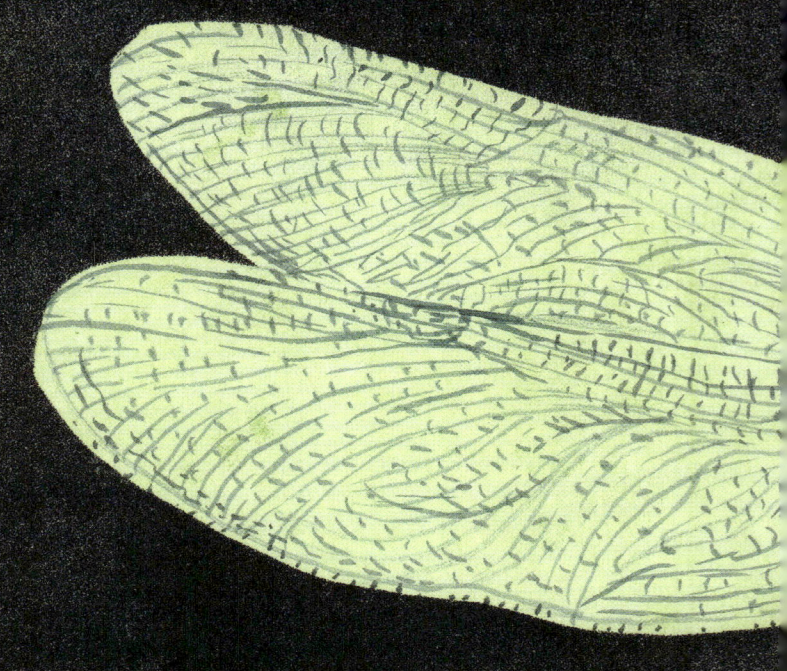

Kennst du diesen
einen kurzen Moment,
diesen besonderen Moment,
fein wie der Flügelschlag
einer Libelle?

Diesen kleinen Moment, *bevor* …

Der Moment, *bevor*
die Sonne aufgeht ...

Was träumst du?

Vielleicht von einer großen Stille, oder ...

Der Moment, *bevor*
ein Vogel singt ...

Was hörst du?

Vielleicht ein Rascheln in den Blättern, oder ...

Der Moment, *bevor*
die ersten Regentropfen fallen ...

Was riechst du?

Vielleicht den Duft der Erde, oder ...

Der Moment, *bevor*
der Wind ein Blatt verweht ...

Was bewegt dich?
Vielleicht stehst du auch einfach still, oder ...

Der Moment, *bevor*
du eine Entscheidung triffst ...

Was überlegst du?

Vielleicht weißt du es schon längst, oder ...

Der Moment, *bevor*
du die Wahrheit
ein wenig verrückst …

Was fühlst du?

Vielleicht klopft dein Herz plötzlich lauter, oder …

Der Moment, *bevor*
dich jemand umarmt ...

Was spürst du?

Vielleicht ein leises Kribbeln im Bauch, oder ...

Der Moment, *bevor*
du jemandem wehtust?

Was denkst du?
Vielleicht bist du einfach neugierig, oder ...

Der Moment, *bevor*
sich eine Tür öffnet ...

Was siehst du?
Vielleicht huscht ein Schatten vorbei, oder ...

Der Moment, *bevor*
dir jemand eine
Geschichte erzählt ...

Was erinnerst du?
Vielleicht eine ganz besondere Stimme, oder ...

Der Moment, *bevor*
du das Licht ausmachst ...

Was tust du?

Vielleicht ...